CAMOUFLAGE

The Hidden Lives of Autistic Women

カモフラージュ
自閉症女性の知られざる生活

サラ・バーギエラ 著
ソフィー・スタンディング 絵
田宮裕子／田宮聡 訳

明石書店

謝辞

インタビューさせていただいた自閉症の女性たちに
この本を捧げます。
彼女たちが自分たちの経験を包み隠さず話してくれなければ、
この本は出版することができなかったでしょう。

CAMOUFLAGE: The Hidden Lives of Autistic Women
by Dr Sarah Bargiela
Art by Sophie Standing

Copyright © Sarah Bargiela 2019
Illustrations copyright © Sophie Standing 2019

This translation of 'Camouflage'
is published by arrangement with Jessica Kingsley Publishers Ltd
www.jkp.com

through The English Agency (Japan) Ltd.

この本では自閉症の女性たちの経験を紹介します。
──目新しくてほとんど知られていないけれども、
わたしたちが少しずつ理解を深めてきている問題
についてです。

エイミーは自閉症と診断された 20 歳のジャーナ
リストです。

彼女は診断される前、ネットで自閉症について長
い間調べていました。この診断を受けた後、彼女
は他の自閉症の女性たちのためにネット掲示板を
始めることを決めました。このネット掲示板は、自
閉症について質問し、理解を深め、交流できる場
となりました。彼女はこの本を通してわたしたちの
ガイドを務めてくれます。

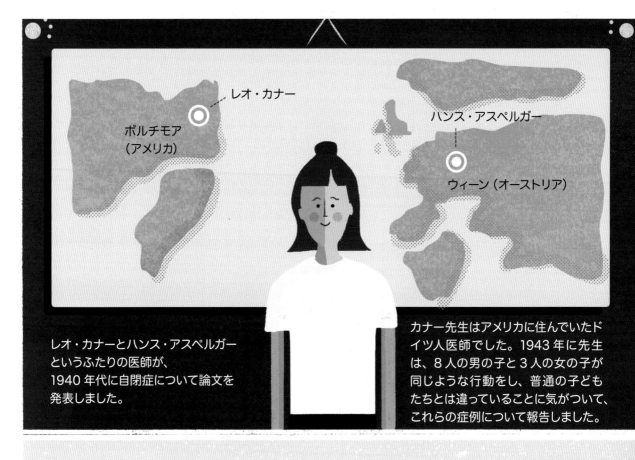

レオ・カナーとハンス・アスペルガーというふたりの医師が、1940年代に自閉症について論文を発表しました。

カナー先生はアメリカに住んでいたドイツ人医師でした。1943年に先生は、8人の男の子と3人の女の子が同じような行動をし、普通の子どもたちとは違っていることに気がついて、これらの症例について報告しました。

男の子のひとりは、ドナルドです。
4歳のドナルドくんは人の顔や名前を覚えるのが得意で、2、3回聴いただけで歌を覚えてしまうほど、ずば抜けた記憶力の持ち主でした〔訳注：ドナルドがずば抜けた記憶力を示したのは2歳以前〕。そして、ひとりで遊ぶのが好きでした。

１年後の1944年、オーストリアの小児科医であるハンス・アスペルガー[1]は、診療所で診察した4人の男の子たちについて論文を書きました。4人の男の子たちはみんな会話が一方通行で、それぞれが特別な興味関心事を持っていました。この子たちは自分が興味を持っていることについては延々と話し続けることができたので、アスペルガー先生は彼らを「小さな教授たち」と名づけました。

カナー先生とアスペルガー先生は生涯にわたって自閉症[2]について研究し論文を書いたけれど、お互いの発見については知りませんでした。

1　アスペルガー症候群はハンス・アスペルガーにちなんで名づけられた。　2　自閉症（autism）という言葉は「自己」を意味するギリシャ語autosが語源となっている。

1980年代に、自閉症の女の子たちについての研究報告がいくつか出てきました。
1981年にローナ・ウィングという心理学者が、「高機能」自閉症は、成人女性や女の子と比べ、成人男性と男の子の方が15倍多いということを発見しました。その一方で、「低機能」自閉症の男女比はほぼ2：1でした[3]。

高機能自閉症

15 x

低機能自閉症

2 : 1

3　「高機能」「低機能」という言葉は、自閉症コミュニティの多くの人が、役に立たないと考えている。自閉症研究の論文では、「高」機能と「低」機能という用語は、知能指数が平均または平均以上の人と平均以下の人を区別するために用いられている。しかし、人の生活機能レベルは、知能指数だけで決定されるものではなく、むしろいろいろな要因に左右され、状況によっても変わるものだという議論がある。例えば知能指数が高い人でも、ストレスがかかる場面では話せなくなってしまうことがある。

どうして女性の大人や子どもは、男性の大人や子どもと比べて自閉症と診断されることが少ないのでしょうか？

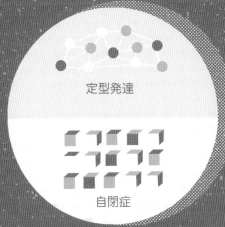

1.「究極の男性脳」説

科学者のサイモン・バーロンコーエンは「男性脳は物事を秩序立てようとする傾向が強く、女性脳は人の気持ちに共感しようとする傾向が強い」ということを提唱しました。それによれば自閉症であるということは、「秩序立てようとする男性脳」の極端なパターンを持っているようなものなのです。

2. 女の子は自閉症を隠すのが得意

研究者のトニー・アトウッドとジュディス・ゴールドは、自閉症の女の子は「人を模倣する」スキルで自閉症を隠すのが得意なので、診断を見落とされやすいと言っています。

3. 女性の自閉症のフェノタイプと男性の自閉症のフェノタイプとの違い

自閉症の特性は女性と男性では違った形で現れます。例えば、自閉症の女性はアイコンタクトがわりと得意ですが、自閉症の男性は女性ほど得意ではありません。このことから、自閉症の女性バージョンあるいは「女性自閉症のフェノタイプ」が存在すると考えられるのです[4]。

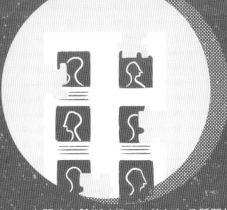

4. 自閉症を診断するのに使われる質問紙は、女性の自閉症の特性を捉えていない

自閉症を診断するのに使われている質問紙は、ほとんど男性自閉症を念頭に作られたものなので、それらは女性自閉症にだけ見られる特性を十分拾い上げることができないのかもしれません。

4　ジェノタイプ：わたしたちの特性、例えば身長を決定する、先祖から引き継がれた遺伝子コード
フェノタイプ：先祖から引き継がれた遺伝子コードとわたしたちを取り巻く環境との相互関係の結果、実際に出現する特性

現在では、自閉症は次のように定義されています。

「子どもの時から社会的コミュニケーションや対人的相互反応における持続的欠陥があること、行動、興味または活動の限定された反復的な様式があること」[5]

社会的コミュニケーションや対人的相互反応

とは、会話を始めるとか人の気持ちを表情から読み解くとかいった、
対人場面で遭遇するすべてのことを指しています。

もしあなたが自閉症なら、人の表情を読んだり、相手が何を考えているかを想像したりすることが難しいと感じるでしょう。

あるいは、雑談をきっかけにして、会話のやり取りを始めることが難しいと感じるかもしれません。

えっと…

そして最後にわたしがそこにいたとき、こんなに巨大な…

そして、一度会話を始めると止め時がわからないのです。

見てみたら本当に面白かったのは…

だから思うのだけど…

例えば、話を聞いている人が時計をチラッと見るような微妙なサイン（こういうサインに自閉症の人たちはほとんど気がつきません）に気がつかないので、肘を突っついて教えてもらう必要があるかもしれません。

5　この自閉症の定義はアメリカ精神医学会発刊の『精神障害の診断と統計マニュアル第5版（DSM-5）』のものである。

それでは行動、興味または活動の限定された反復的な様式について見ていきましょう。

限定された興味

自閉症の人は特定の活動や話題、例えばレゴやテレビドラマシリーズや馬に「ハマる」ことがあります。あるいはドアノッカーや地層や台所用品のような、あまり一般的ではないものに興味を持つこともあります。

限定された興味は、例えば犬のように、多くの人が好きなものかもしれません。しかし犬好きの自閉症の人たちと「単に犬が好きな人」とでは大きな違いがあります。犬好きの自閉症の人たちは、犬の種類やサイズ、特徴すべてに関して百科事典なみの知識を持っていることが珍しくないのです。

反復行為

反復する行為の一つに、単語や
フレーズの繰り返しがあり、これは
「エコラリア」として知られています。

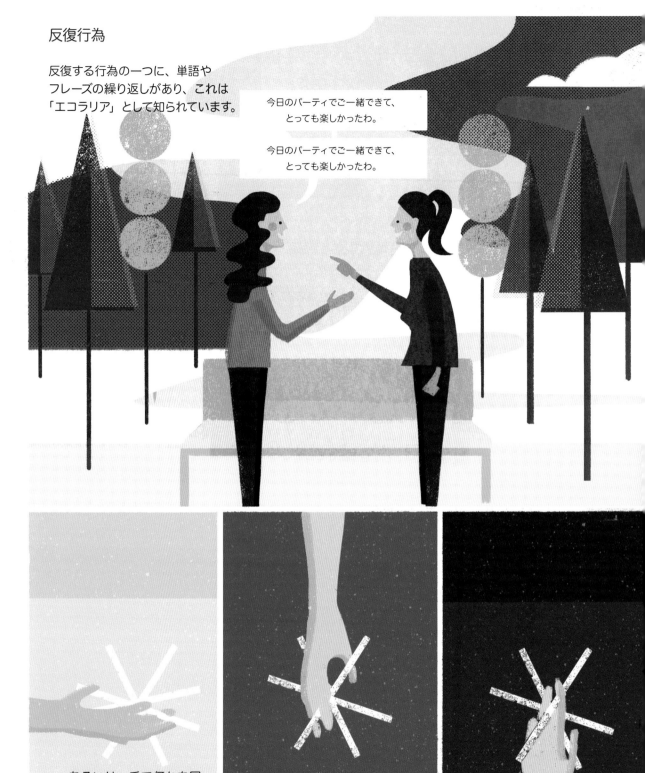

今日のパーティでご一緒できて、
とっても楽しかったわ。

今日のパーティでご一緒できて、
とっても楽しかったわ。

あるいは、手で何かを回
し続けたり体を揺らし続
けたりするような、手や
体の繰り返される動きと
か…

毎日同じルーチンにこだわること、例えば、朝食に毎日
同じものを食べるとかいうことも、反復行為に含まれます。

月曜日

火曜日

水曜日

木曜日

また、毎日同じ道を通って学校に行ったり仕事に
行ったりするのも反復行為で、もしいつもの道が
突然通れなくなったら、パニクったり、激怒したり
してしまいます。

通行止め

感覚過敏

反復する行為は、しばしば感覚の入力を調整する、求める、あるいは避けるために行われます。感覚とは五感で感じるすべてを意味します。自閉症であろうと自閉症でなかろうと、ある刺激に対しての反応は人それぞれです。例えば、仕事中、大音量の音楽が流れていても効率よく仕事ができる人もいれば、全く音がない環境が必要な人もいます。

しかし自閉症の人たちにとっての感覚の感受性の幅はとても広く、感覚過敏（感覚回避）から感覚鈍麻（感覚希求）まであります。

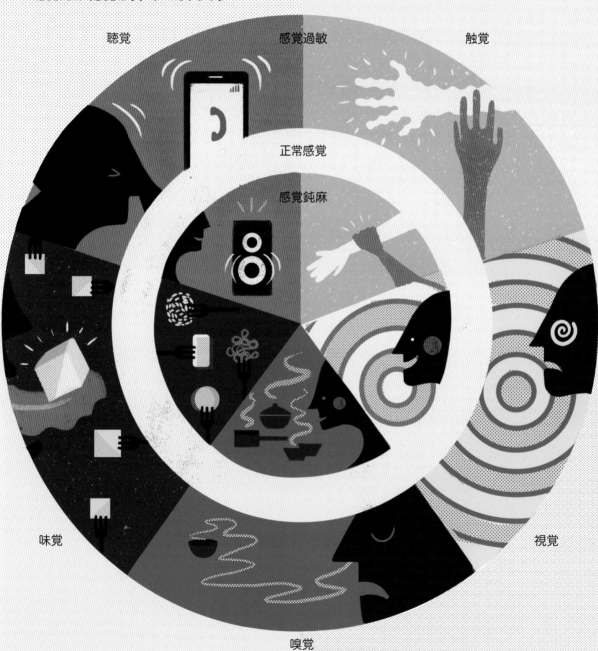

ちょっと待って、それでは男性の自閉症と女性の自閉症との違いはなんなのでしょうか？

☑ アイコンタクト

☑ 感覚過敏

☒ 反復行為

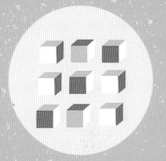

☑ 秩序重視

☑ 人の気持ちの
わかりにくさ

☒ 社会コミュニケー
ション障害

☒ 風変わりな
興味関心事

☑ 不安・抑うつ・
強迫傾向

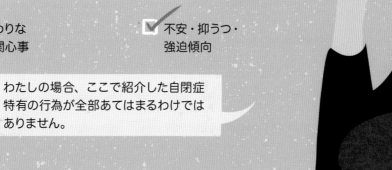

わたしの場合、ここで紹介した自閉症
特有の行為が全部あてはまるわけでは
ありません。

彼女の言う通りです。
研究は、次のようなことを示しています。

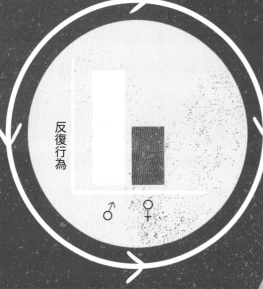

自閉症の女性は自閉症の男性と比べて、
反復行為が少ないといわれています。

自閉症の女性は自閉症の男性と
比べて、対人場面で人と交流す
ることをより望んでいるし、より
上手に友達を作ることができます。

自閉症の女性は気持ちを内在化する（抱え込んで
しまう）ことが多いのに対し、自閉症の男性は、
怒りや不満などの感情を外在化する（あらわにす
る）ことが多い傾向にあります。

女性の自閉症についてもっと深く知るために、インタビューに
答えてくれた 3 人の自閉症女性から直接話を聞いてみましょう。

24 歳のポーラ…

19 歳のエリー…

30 歳のミミ…

4 つの主なテーマについて彼女たちの話をまとめました。

数学ができないから
自閉症じゃないわよ。

単なる
内気な
女の子だよ。

最初のテーマは

あなたは自閉症じゃない

です。

多くの女性たちは、自分が自閉症だと思って家族や友達や先生に
相談したけれど、みんなからは自閉症じゃないよって言われてい
ました。お医者さんからも間違った診断を受けたり、どこも悪く
ないと言われたりすることがありました。

神経質なだけで
自閉症じゃ
ないよ！

自閉症ではなく、
うつ病です！

ちょっと
人と
違って
いるだけ
だよ。

もちろん自閉症じゃないわ、
ただ単に変わっているだけよ。

自閉症
にしては
社交的です。

パーソナリティ障害
です。

正常を装う

です。

多くの女性たちはちゃんとした診断を受けていないので、なぜ自分が他の人たちと
「違う」のかがわかりませんでした。だから社交の場では、他の女の子や女性たちと
同じような振る舞いをして「溶け込む」努力をしていました。

受け身から自己主張へ

です。

多くの女性たちは、自分のアイデンティティを興味や関心のあることに基づいて作り上げていたと話しました。
そして似たような特性を持った女性たちとの付き合いを通じて、診断を受け入れていったことについても語りました。

思春期には女友達との付き合いの中で「自分の身を守る」ための暗黙のルールを学ぶものですが、みんなから孤立している多くの女性たちは、そういう機会がありませんでした。
だから自閉症の女性たちは、恋愛に関して無防備で、性的虐待の被害者になることも多々ありました。
彼女たちがどうやって自己主張できるようになったかについては、また後で紹介します。

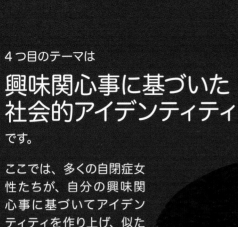

4つ目のテーマは
興味関心事に基づいた社会的アイデンティティ
です。

ここでは、多くの自閉症女性たちが、自分の興味関心事に基づいてアイデンティティを作り上げ、似たような特性を持った友人との付き合いを通じて診断を受け入れていくということについてみてゆきます…

自

閉

症

まず「あなたは自閉症じゃない」のテーマから始めましょう。これについてみんなの体験を教えて。

家族で冗談半分にあだ名をつけあったの。——わたしは「自閉」で、姉は「親分」だったわ。わたしは自閉症だと思うかどうか母に聞いたときに、「もちろん違うわよ、ミミはミミよ」って笑いながら言ったわ。自閉症についてネットで調べて、診断がつくかどうかを確認するために病院を受診したの。でも「あなたは単なる不安症です」と言われて、お薬を処方されたの。

特別支援の先生がわたしの様子を見に来た
ときに、「君は数学がすごく得意なわけでは
ないから、自閉症ではないよ」って言ったの。
先生の頭の中では、自閉症といえば『レイン
マン』とイメージされているみたいで、わたし
にはあてはまらなかったんだと思う。

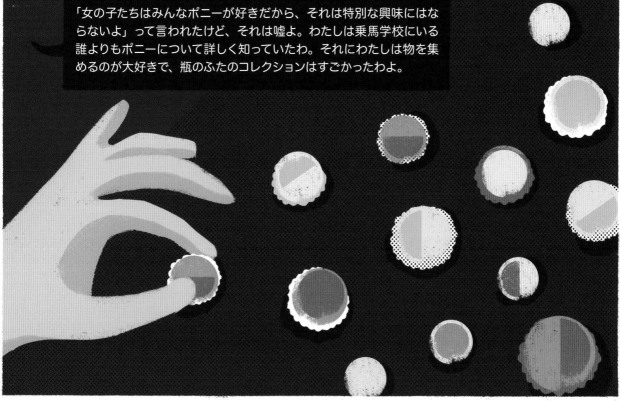

「女の子たちはみんなポニーが好きだから、それは特別な興味にはな
らないよ」って言われたけど、それは嘘よ。わたしは乗馬学校にいる
誰よりもポニーについて詳しく知っていたわ。それにわたしは物を集
めるのが大好きで、瓶のふたのコレクションはすごかったわよ。

小学校では本当にもの静かだったわ。完璧な子どもで、言われたことを全部こなして、なにもかも我慢していたの。だけど家に帰ると爆発していたわ——まさしくすべての気持ちを抑えて一日中過ごしていたの。

わたしも同じだった。中学校は大変だった…ある時、数学の授業であくびをしてしまったの、そうしたら先生に「あなたはこの授業がつまらないのかしら?」って、聞かれたの。わたしが「はい、先生」って答えたら、放課後居残りを命じられたのよ！わたしはすごく腹が立って、何が悪いことなのかがわからなかった。先生の質問に正直に答えただけだったのに。クラスのみんなは「そんなこと言っちゃダメよ、先生に失礼よ」って、わたしにわからせようとしてくれたわ。今ならそのことが理解できる。でも、それをするべきではないって理解できたとしても、どういう理屈でいけないのかをまだ理解できないのよ。

わたしにとっても学校は手強い場所だったわ。今、普通のふりをしていたことをちょっぴり後悔しているの。なぜかっていうと、普通に振る舞おうと一生懸命頑張った結果、わたしの存在に誰も気づいてくれなかったから。だって何しろ「正常に振る舞っていた」んだから、当然よね。グレた子どもたちの話をネットで見て、車に火でもつければよかったって思うの。

なるほど、「正常を装う」ことはあなたたちがすでにやろうとしていた
ことなのね。──もっと詳しく教えて…

エレン・モンゴメリ〔訳注：L．M．モンゴメリの誤りと思われる〕って
いう人の本があって、エミリーっていう女の子が表情を変えるだけで、
みんな怖がって逃げていったって書いてあったの。わたしがいじめられ
ていたときにやってみたんだけど、これが全然うまくいかなかったのよ
ね。どれだけショックだったか想像できる？

その頃、数百年前に書かれた本のセリフをそのまま使ってたら、時々と
んでもないことになっちゃったんだけど、そのことに全然気づいていな
かったの。ずいぶんインパクトがあると思った男性キャラもいたわ。
──そのキャラは、ちょっと何かを言うだけでいじめっ子たちを追い払
うことができていて、わたしもそれがしたかったのよ。

「うぬ、吐（ぬ）かしたな、
この灯心（とうしん）野郎の脱殻（ぬけがら）野郎、
身かき鰊（にしん）に、牛の舌の干物（ひもの）、
キンキリ牛の萎魔羅（なえまら）野郎」[6]

わたしは、他人がしたり話したりしていることや方言をまねることを、自動的にしちゃうの。わたしはよくガールガイド団員〔訳注：英国のガールスカウト〕のキャンプに行ったけど、帰ってくると決まってひどくなまるようになっていたの。ある時はアイルランドなまりが抜けるのに1週間かかったわ。

それは笑えるわね。わたしは「紛れ込む」ことをより意識していたの。そのために陽気でちょっと抜けている人になりたかったわ。だってわたしがパーティでできるのは趣味で書いている小説の話しかなかったから。だから社交の場に出るときは、「わたし」ではないわたしを演じるようにイメージを作り上げていた。パーティから帰ってからは、どっと疲れたの。だって誰かほかの人を演じるにはすごいエネルギーがいるから。部屋に戻って一人きりになって、横にならないと元気が戻らなかったわ。

仮面をかぶるということに欠点は
何かあるかしら?

そうね、わたしは自閉症ではないんじゃないかと
思うほど、定型発達のように演じるのがとっても
上手だった。

@カイワ

//command：ヒトノハナシ ヲ キキナサイ
//：ホカノヒトガ オワルマデ マチナサイ
//command：[エガオデ] ヘンジシナサイ

//display：ボディランゲージ ヲ ツカイナサイ
//command：シツモンシナサイ
//：＝ユウジョウ

すべてのことを理解しようとすることはとっても疲
れる。
いつもすべてのことをマニュアルに沿ってやってい
るようなもので、コンピューターにいちいちコマン
ドを打ち込まないといけないような感じなの。

なぜあの人たち
あんなふうに
話しているの？

楽しい時間を
過ごしているのよ…

3つ目のテーマは、女性たちの「受け身から自己主張へ」の旅路です。

多くの女性たちは、自分たちは「受け身」だとか「衝突回避型」だと言っていました。彼女らは対人関係の暗黙のルールがよくわからず、試行錯誤しながらそういうルールを学習していくので、対人場面では人に迎合することを好むようでした。

だいたいこのやり方でうまくいくけど、異性とのデートや親密な関係では間違った方向に行ってしまう可能性があります。しかしうまくいかない出来事を体験し克服することで、自己主張することを学んでいったのです。

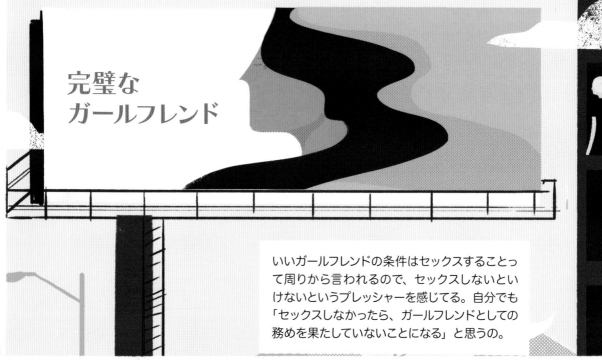

完璧な
ガールフレンド

いいガールフレンドの条件はセックスすることって周りから言われるので、セックスしないといけないというプレッシャーを感じてる。自分でも「セックスしなかったら、ガールフレンドとしての務めを果たしていないことになる」と思うの。

誰も暗黙のルールについて教えてくれなかったし、何が正しくて何が間違っているかを言ってくれる人もいなかったから、恋愛関係は難しくて、何回もカモにされたわ。他人が話すことを素直に信じ込んでしまうのよ。

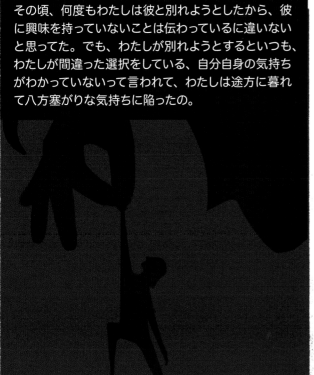

その頃、何度もわたしは彼と別れようとしたから、彼に興味を持っていないことは伝わっているに違いないと思ってた。でも、わたしが別れようとするといつも、わたしが間違った選択をしている、自分自身の気持ちがわかっていないって言われて、わたしは途方に暮れて八方塞がりな気持ちに陥ったの。

ごめんなさい、あなたが正しいわ。

いいのいいの、あなたがそう言うなら、大丈夫ね。

もちろん、あなたのやり方でやりましょう。

わたしはだんだん引っ込み思案になっていった。取り入るっていう感じかな。「喜ばせなさい、機嫌を取りなさい、謝りなさい」っていうふうに。

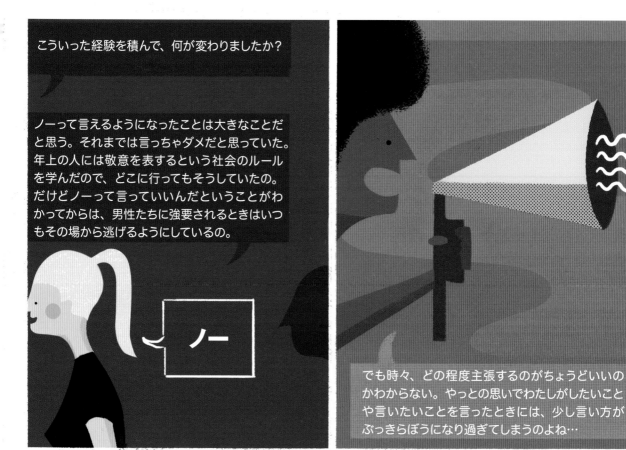

こういった経験を積んで、何が変わりましたか？

ノーって言えるようになったことは大きなことだと思う。それまでは言っちゃダメだと思っていた。年上の人には敬意を表するという社会のルールを学んだので、どこに行ってもそうしていたの。だけどノーって言っていいんだということがわかってからは、男性たちに強要されるときはいつもその場から逃げるようにしているの。

ノー

でも時々、どの程度主張するのがちょうどいいのかわからない。やっとの思いでわたしがしたいことや言いたいことを言ったときには、少し言い方がぶっきらぼうになり過ぎてしまうのよね…

わたしたちは今、女性グループを作っていて、わたしはこのグループの中で恋愛関係を専門にしています。女性たちはいろんな話をしに来ますし、例えばオンラインでの出会い方などについてアドバイスを求められることもあります。わたしは経験豊富なので、恋愛のルールをよく知っています。

最後のテーマは「興味関心事に基づいた社会的アイデンティティ」です。ここでは、女性たちが自己を確立し、自閉症をより深く理解するのに友人関係が役立っていることについて掘り下げていきます。

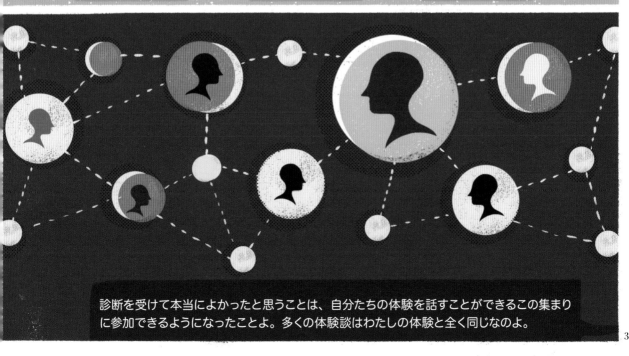

「自閉症は単に人と違うだけであって障害ではない」という自閉症関係のブログの投稿を読んで、そういうふうに考えることでとっても気持ちが楽になったの、それに自分自身に対して自信が持てるようになったの。

そうね、わたしはオンラインの掲示板にとても支えられたわ。そこでアスペ女性たちに出会って、今では彼女たちはわたしの家族みたいなものよ。

診断を受けて本当によかったと思うことは、自分たちの体験を話すことができるこの集まりに参加できるようになったことよ。多くの体験談はわたしの体験と全く同じなのよ。

それに、パソコンを使って会話する方が、対面で話すときのように緊張しなくていいから楽なのよ。ボディランゲージとか表情に気を配らなくていいし、すぐに反応しなくてもいいしね。お互いにメールを送りあうだけだから、完全に対等な状況にあると思うの。しかもメールの方が自分の気持ちを打ち明けやすいわ。

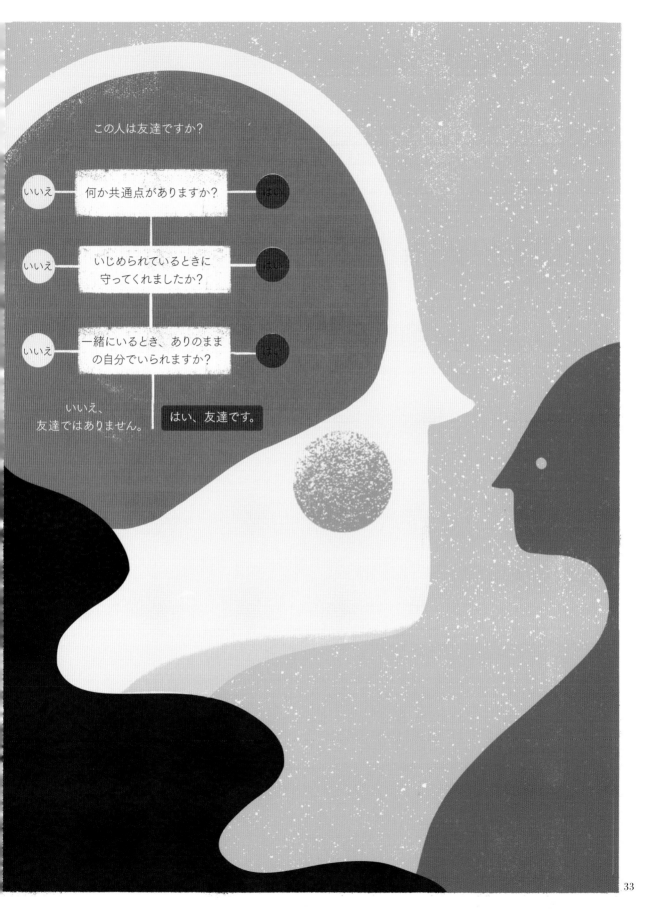

この人は友達ですか？

いいえ ─ 何か共通点がありますか？ ─ はい

いいえ ─ いじめられているときに
守ってくれましたか？ ─ はい

いいえ ─ 一緒にいるとき、ありのまま
の自分でいられますか？ ─ はい

いいえ、
友達ではありません。　　　はい、友達です。

学校でどうやって友達を作ったらいいのかがわからなかったの。仲間はずれにされているような気がしていたし。バス停で同じコートを着ている女の子と友達になったのを覚えているわ。だってわたしと共通するものを持っている子と友達になればいいってママが言ったから…

男の子たちはもっと直接的な言い方をするみたい。「いい加減にそんな話やめろ、俺は今これについて話したいんだ」って感じで。それはすばらしいことよね。だって、男の子たちははっきりした言い方をするから、わたしの話に退屈していないかを探る必要もないのよ。女の子たち、特に定型発達の女の子は、絶対に自分たちが思っていることをストレートには言ってくれないので、本当は何を考えているのかを探るのが難しいの…

いい加減に
そんな話やめろ！

わたしは
あの頃、変わり者
だったわ。

話し過ぎて
いたかしら？

わたしって
奇妙だった
かしら？

あの子に
嫌われていたら
どうしよう？

そうね。でも、わたしは数少ない親しい友達と時々会うのだけど、その時は本来の自分のままでいられて取り止めのない話もすることができるの。別れた後も「どうしよう、なんか馬鹿なこと言っちゃったかしら？」ってくよくよ考えることもないのよ。

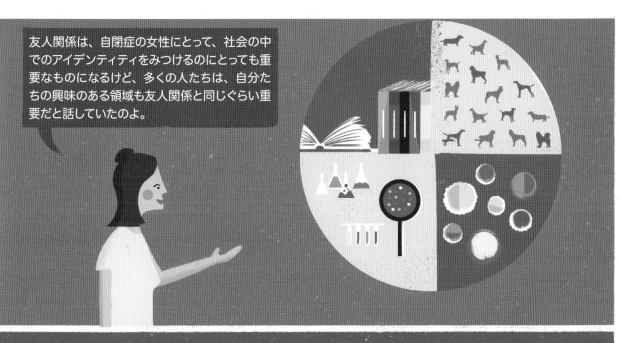

友人関係は、自閉症の女性にとって、社会の中でのアイデンティティをみつけるのにとっても重要なものになるけど、多くの人たちは、自分たちの興味のある領域も友人関係と同じぐらい重要だと話していたのよ。

わたしはものを書くことにとても熱中していて、自分の人生で一番力を注いでいるし、わたしのアイデンティティの大部分はものを書くことの上に成り立っていると言ってもいいかもしれないわ。

わたしは複葉飛行機や年代物の航空機にめちゃくちゃハマっているの。そもそもの始まりは、女性の公認パイロットについてイラスト付きで物語を書こうと思ったことからだった…その時に複葉飛行機の描き方を習いたいと思ったの。今ではちょっと見ただけでどの飛行機かわかるし、どのように使われていたかも読んだし、第一次世界大戦にもハマったわ…。今では複葉飛行機を見るたびに、とっても幸せな気分になるの。

考古学の専門領域研究者でいることは、わたしの自信につながっているわ。人の役に立つ生産的なことだと認めてもらえることをできていると実感できるから。

アスペルガーのわたしは、いつも頭の中が多くのことでいっぱいだけど、ボートに乗って過ごしているときは、ただ単にボートの中にいるということだけに集中できる。ボートの中が、唯一落ち着いた気持ちを実感できる場所なの。アスペルガーっていうのは疲れるのよ。だって、一日中過度に警戒した状態でいるようなものだから。だから平和な気持ちでいられて、いつパニックを起こすかわからないような張りつめた状態から解放されるのはすばらしいわ。

わたしは手芸に熱中しているの。縫い物や編み物、かぎ針編みとか…、自分の手で何かを作り上げることならなんでも。いろいろ違ったタイプのものを順番にローテーションすることが多いのよ。

音楽は、わたしがつらいときはいつでも逃げ場を提供してくれる。そして音楽を通じてだと、もっと人と会話できたり、知り合いになったりすることができるの。

では、男性の自閉症と女性の自閉症の違いについて少しだけ知識が増えたけど、これからはどんなことが研究されるのかしら?

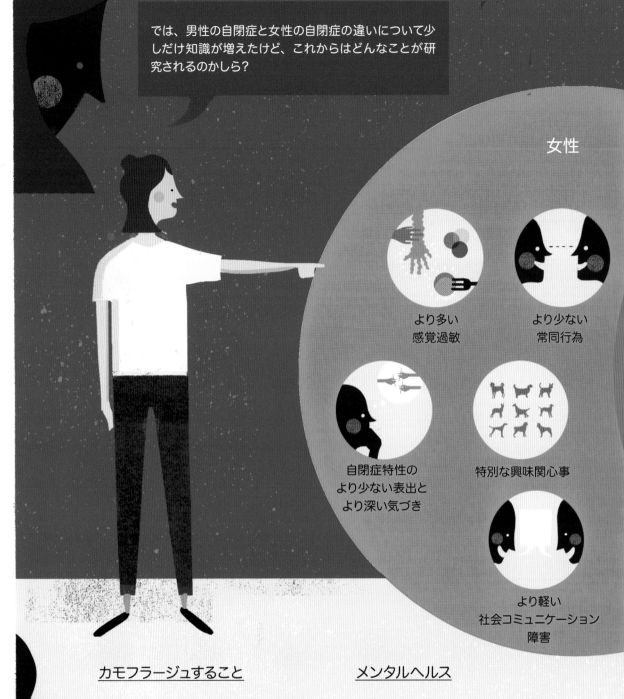

女性

より多い
感覚過敏

より少ない
常同行為

自閉症特性の
より少ない表出と
より深い気づき

特別な興味関心事

より軽い
社会コミュニケーション
障害

カモフラージュすること

ラアイたち(2016年)は、自閉症女性たちのカモフラージュ能力は自閉症男性やノンバイナリー〔訳注:男女の区別に収まりきらないジェンダー〕の自閉症者にも見られることを見出しました。

メンタルヘルス

ケージの研究チーム(2017年)もまた、カモフラージュすることは自閉症者の自殺の強い予測因子になると発表しました。

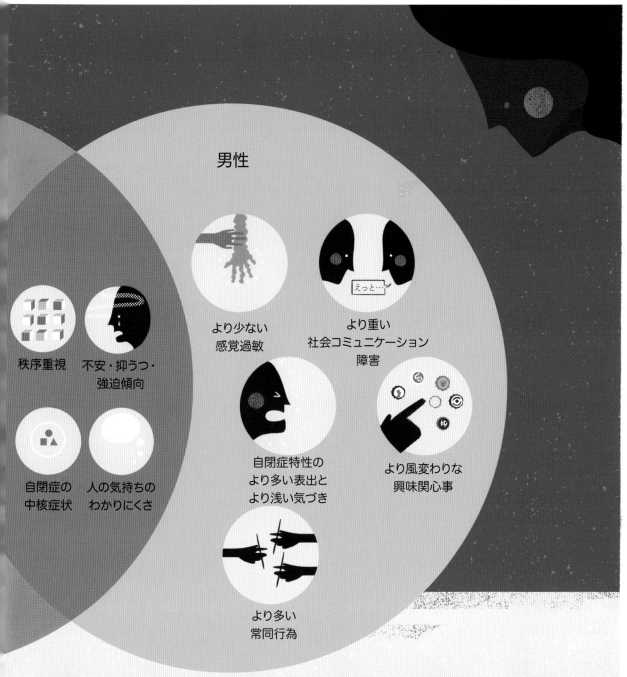

男性

より少ない
感覚過敏

より重い
社会コミュニケーション
障害

えっと…

秩序重視

不安・抑うつ・
強迫傾向

自閉症の
中核症状

人の気持ちの
わかりにくさ

自閉症特性の
より多い表出と
より浅い気づき

より風変わりな
興味関心事

より多い
常同行為

診断ツール

デンマークのジェンセンのチーム（2014年）による縦断的な研究では、自閉症を診断するために使う質問紙が、女性の自閉症を十分捉えることができているかどうかに着目しています。そして男性と女性の自閉症の両方に対して、より感度の高いツールを開発しようとしています。

女性にも自閉症がいるという知識を共有することは、一般に広まっている偏った情報や意見を正すためにも大切なことです。それによって、自閉症の少女や女性たちが人とは違っていることに安心感を持てるようになり、彼女たちのことが認識されて世の中に広く知られるようになるのです。
だからあなたがこの本を読んだら、次の人に薦めてくださいね！

参考文献

Cage E, Di Monaco J & Newell V (2017): Experiences of autism acceptance and mental health in autistic adults. *Journal of Autism and Developmental Disorders*, 5-8.

Lai M, Lombardo M, Ruigrok A, Chakrabarti B, et al. (2017): Quantifying and exploring camouflaging in men and women with autism. *Autism*, 21 (6), 690-702.

Jensen CM, Steinhausen HC, Lauritsen MB (2014): Time trends over 16 years in incidence-rates of autism spectrum disorders across the lifespan based on nationwide Danish register data. *Journal of Autism and Developmental Disorders*, 44 (8), 1808-1818.

訳者解説

1. 本書について

　本書は、『Camouflage: The Hidden Lives of Autistic Women』の全訳です。自閉症スペクトラム障害児者のカモフラージュに関する一般読者向けの文献としてはおそらく最初のものであること、絵本という体裁になっていてビジュアル的にも楽しめることから、夫婦の共同作業での翻訳を企画しました。

　原著者のサラ・バーギエラは、自閉症とジェンダーの領域を専門としています。彼女は、イギリスの国民保険サービス（NHS）に10年以上勤務した後、現在は臨床心理士として開業しています。

2. 自閉症スペクトラム障害について

　自閉症スペクトラム障害というのは、従来、自閉症、アスペルガー症候群、広汎性発達障害などと呼ばれてきた一群の神経発達障害の総称です。学習障害、注意欠如多動性障害などの他の神経発達障害と同じく、基本的には生来性の障害で、はっきりとした原因は特定されていませんが、遺伝要因が大きく関与していると考えられています。

　自閉症スペクトラム障害の中核的な特性は、対人コミュニケーション面での特性と、ワンパターンで反復的な行動面での特性です。後者は、「同一性保持傾向」と呼ばれることもあります。こうした特性は本書の中（pp. 8-12）で詳しく述べられているので、ここでは詳しくは触れません。

　自閉症スペクトラム障害を理解するうえでもうひとつ大切なことは、知的障害を伴うこともあれば伴わないこともあるということです（知的障害を伴わない場合、「高機能自閉症スペクトラム障害」または「アスペルガー障害（症候群）」と呼ばれることがあります）。知的障害というのは、知能の発達がゆっくりであるために、学校での勉強や生活に必要な能力の習得が十分でない状態を指します。知的障害があると、いろいろなことの理解が難しくなることがあります。したがって、自分が置かれている状況をどれくらい理解している

か、障害特性を含む自分の個性についてどれくらい理解しているかも、自閉症スペクトラム障害児者それぞれによってさまざまです。このことから、知的障害の有無は自閉症スペクトラム障害の中核的な特性ではありませんが、そのひとの生活や心理状態に大きく影響します。その影響の現れのひとつが、本書で取り上げられているカモフラージュです。

3. カモフラージュについて

1）カモフラージュとは

　一口に自閉症スペクトラム障害と言っても、知的障害の有無のほかにもさまざまな個性があります。そういう個性の違いには、自分の特性をどれくらい自覚しているかということや、周囲のひとたちと関わりたいと思っているかといったことが含まれます。

　自閉症スペクトラム障害児者のなかには、自分自身がもっている対人コミュニケーション面の特性や行動面の特性をある程度自覚しているひともいれば、自覚していないひともいます。自分の特性を自覚しているひとたちは、多くの場合、自分と周囲の「定型発達（＝発達障害がない）」児者たちとの違いに気がつきます。自分にはできないことをほかのひとたちは簡単そうにやっているとか、逆に自分はほかのひとたちがしていないことをしてしまったり、したくなったりするとかいう違いです。こういう違いを感じて密かに悩んでいるひとは少なくありません。

　また、自閉症スペクトラム障害児者のなかには、周囲のひとたちと積極的に関わりをもちたいと思うひともいればそう思わないひともいます。ただ、関わりをもちたいと思うひとたちは、対人コミュニケーション面の特性や特徴的な行動特性のために、うまく関われないという経験をすることがしばしばあるのです。そしてここでも、密かに悩むことになるのです。

　今述べた個性の両方が合わさると、つまり、自分の特性を自覚しつつ周囲との関わりの難しさを感じると、自閉症スペクトラム障害児者は、自分の特性を隠そうとしたり、無理に周囲に合わせようとしたりすることがあります。これがカモフラージュです。

　近年、児童精神医学や小児神経学の専門家の間でも、このカモフラージュが話題になることが増え、多くの論文が発表されています。ここでは、英国の研究者リビングストンらの論文＊を中心に紹介します。

　リビングストンらは、カモフラージュを「マスキング」と「補償」に分け、補償をさらに「浅い補償」と「深い補償」に分けました。マスキングというのは、自分が本来とろうとする行動を控えることです。本書では、「小学校では本当にもの静かだったわ。完璧な

＊　Livingston LA, Shah P & Happé F (2019): Compensatory strategies below the behavioural surface in autism: a qualitative study. *Lancet Psychiatry*, 6, 766-777.

子どもで、言われたことを全部こなして、なにもかも我慢していたの（p. 22）」という言葉で紹介されています。これに対して補償というのは、自分が本来とらない新たな行動をとることです。この補償のうち、比較的単純でワンパターンなものを浅い補償と呼び、もう少し複雑で柔軟な適応性をもつものを深い補償と呼びます。本書の中では、いじめられていたときに、数百年前に書かれた本に載っていたいじめっ子の撃退のしかたを真似して、うまくいかなかったエピソード（p. 25）として紹介されていたのが、浅い補償の一例です。

　日本の当事者たちの間でもカモフラージュが話題になることがあり、「仮の姿」「役（を演じる）」などと言い表されることがあります。訳者らが臨床現場で実際に出会った若者は、「擬態」「コスプレ」という表現を用いていました。いずれも、定型発達者の「ふりをする」という意味合いです。

2）カモフラージュの心理的負担

　カモフラージュをすることには、社会生活がスムーズになる、就職で有利になるといった利点もありますが、日常生活において絶え間なく自分の行動をコントロールしなければならない結果、心理的に疲れ切ってうつ病や不安症を発症したり、自己肯定感が低下したりするという欠点も指摘されています。

　日常生活で常にカモフラージュしていなければならない心理的負担というのは、当事者でないとわからないかもしれません。だからこそ、本書で述べられているような生の言葉が貴重なのです。ここでは、『アスペルガー的人生』（原題は“Pretending to be Normal”で、まさに「正常を装う」です）の著者で、高機能自閉症スペクトラム障害をもつ女性ウィリーの言葉を紹介します。

　　私には、どんなにがんばっても、二つの世界を目立たぬように行き来することができなかった。一方には標準的な人々の住む世界があり、他方には不ぞろいの人々の住む世界がある。どちらか片方の世界を離れ、もう片方の世界に入ったとたん、私はきまって、大声で到着を宣言してしまっているようなのだ。標準の世界を訪れるときはまだいい。自分にも比較的自信を持っていられるし、たいていは冷静さを保つこともできる。ただその代わり、いつよそ者と見破られるか、常にはらはらしていなくてはならないけれども。（p. 48）

「常にはらはらしていなくてはならない」苦しさはどれほどのものか、想像するにあまりあります。しかし、カモフラージュは、すべきことかすべきでないことかという問題ではありません。カモフラージュせざるを得ない状況に置かれることもあるでしょう。そう

いうときに周囲の支援者にできることは、まずはその苦しさを理解することではないでしょうか。そして、自閉症スペクトラム障害児者が「素」に戻れる時間と場所を確保することをサポートしつつ、伴走することが必要だと考えます。

最後に、女性の ASD やカモフラージュについて日本語で読める資料を挙げておきます。

岩波明（2020）：医者も親も気づかない女子の発達障害——家庭・職場でどう対応すればいいか．東京、青春出版社．

厚生労働省：ASD（自閉スペクトラム症、アスペルガー症候群）について．［https://www.e-healthnet.mhlw.go.jp/information/heart/k-03-005.html　2023 年 4 月 15 日参照］

サラ・ヘンドリックス著、堀越英美訳（2021）：自閉スペクトラム症の女の子が出会う世界——幼児期から老年期まで．東京、河出書房新社．

砂川芽吹（2015）：自閉症スペクトラム障害の女性は診断に至るまでにどのように生きてきたのか：障害を見えにくくする要因と適応過程に焦点を当てて．発達心理学研究，26, 87-97.

田宮聡、益村美香（2022）：自閉症スペクトラム障害児者の「カモフラージュ」について——知的障害を伴った思春期女子症例を通じて考える．児童青年精神医学とその近接領域，63, 138-148.

テンプル・グランディン著、カニングハム久子訳（1997）：自閉症の才能開発——自閉症と天才をつなぐ環．東京、学研プラス．

蜂矢百合子（2020）：女性の ASD と女性の ASD に併存する精神症状，医療ニーズ，慢性疼痛．精神医学，62, 977-984.

リアン・ホリデー・ウィリー著、ニキ・リンコ訳（2002）：アスペルガー的人生．東京、東京書籍．

田宮裕子、田宮　聡

［著　者］
サラ・バーギエラ　Sarah Bargiela
自閉症とジェンダーを研究テーマとする臨床心理学者。UCL で臨床心理学の博士号と児童発達学の修士号を取得し、セントラル・セント・マーチンズ美術大学でグラフィックデザインとイラストレーションの学士号を取得している。

［イラストレーター］
ソフィー・スタンディング　Sophie Standing
ロンドンを拠点とするイラストレーター／デザイナーで、人間科学を専門としている。彼女のスタイルは、デジタルとハンドメイドを組み合わせたもので、豊かな色彩、テクスチャー、比喩的なコンセプトに重点を置いている。

［訳　者］
田宮 裕子　（たみや ひろこ）
1963 年広島県生まれ、1988 年獨協医科大学医学部卒業、精神科専門医、医学博士。広島大学附属病院など勤務を経て、1994 年より渡米し、米国カール・メニンガー精神医学校の国際フェローシップを修了。現在国立病院機構大阪医療センター精神科科長。専門領域は摂食障害。

田宮 聡　（たみや さとし）
1961 年広島生まれ。1986 年広島大学医学部卒業。東京都立松沢病院、広島大学医学部神経精神医学教室、県立広島病院等勤務を経て、1994 年より渡米。米国医師免許を取得し、カール・メニンガー精神医学校とベイラー医科大学の臨床研修、およびトピーカ精神分析研究所のアカデミック・キャンディデイト・プログラムを修了。米国精神科専門医試験合格。現在、姫路市総合福祉通園センター（ルネス花北）、広島市こども療育センター勤務。児童精神科認定医、精神保健指定医、精神科専門医、子どものこころ専門医。著書に『内科医、小児科医、若手精神科医のための青春期精神医学』（共著、診断と治療社、2010）、『ケースで学ぶ自閉症スペクトラム障害と性ガイダンス』（みすず書房、2019）、訳書にシュタイナー『こころの退避──精神病・神経症・境界例患者の病理的組織化』（共訳、岩崎学術出版社、1997）、ロバーツ／パイン編『分析的グループセラピー』（共訳、金剛出版、1999）、『カプラン臨床精神医学テキスト 第 3 版 DSM-5 診断基準の臨床への展開』（監訳、メディカル・サイエンス・インターナショナル、2016）、『虐待された子どもへの治療【第 2 版】──医療・心理・福祉・法的対応から支援まで』（共訳、明石書店、2019）、アトウッド／エノー／ドゥビン『自閉症スペクトラム障害とセクシュアリティ──なぜぼくは性的問題で逮捕されたのか』（明石書店、2020）、ティンズリー／ヘンドリックス『自閉症スペクトラム障害とアルコール──依存の始まりから回復まで』（翻訳協力、明石書店、2022）。

カモフラージュ──自閉症女性の知られざる生活

2023 年 5 月 31 日　初版第 1 刷発行

［　著　者　］	サラ・バーギエラ
［　　絵　　］	ソフィー・スタンディング
［　訳　者　］	田宮裕子／田宮 聡
［　発行者　］	大江道雅
［　発行所　］	株式会社 明石書店
	〒 101-0021 東京都千代田区外神田 6-9-5
	電話　03(5818)1171　FAX　03(5818)1174
	振替　00100-7-24505　https://www.akashi.co.jp/
［　装　丁　］	明石書店デザイン室
［印刷・製本］	モリモト印刷株式会社

ISBN978-4-7503-5585-6
Printed in Japan
（定価はカバーに表示してあります）